CATALOGUE

Des Peintures, sculptures et Objets d'Art

DES

ÉGLISES DE PARIS

2027—PARIS. TYPOGRAPHIE MORRIS PÈRE ET FILS, 64, RUE AMELOT

CATALOGUE

DES

PEINTURES, SCULPTURES

ET OBJETS D'ART

DES

ÉGLISES DE PARIS

AVEC GRAVURES A L'EAU-FORTE

Par A. DE BULLEMONT

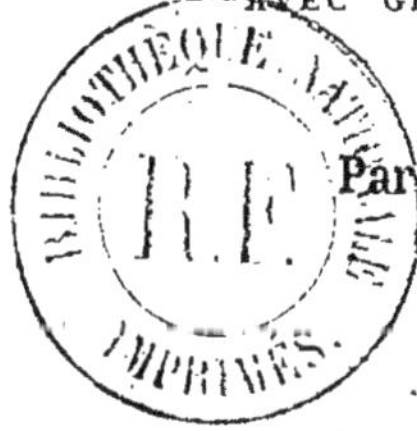

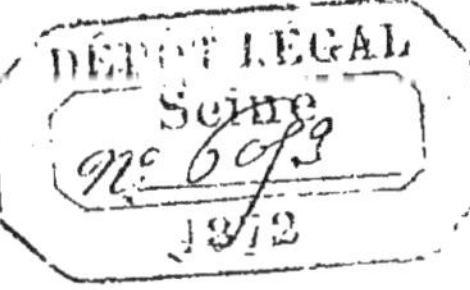

PARIS

TYPOGRAPHIE MORRIS PÈRE & FILS

64, Rue Amelot, 64

—

1872

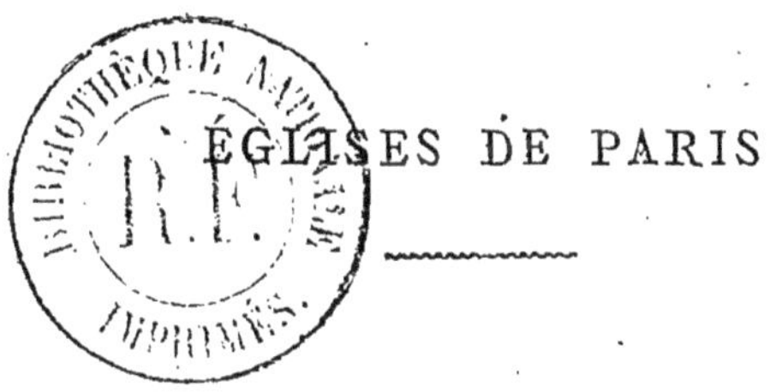

SAINT-ÉTIENNE-DU-MONT

Cette église est un des plus riches édifices religieux de Paris et un des plus intéressants à visiter. Il a souffert moins que les autres des révolutions et renferme un véritable musée de peintures et de verrières remarquables.

A toutes les époques, son Jubé, alors même que celui de l'église Saint-Germain-l'Auxerrois existait encore, a attiré la foule des curieux, des artistes et des voyageurs.

Depuis, il s'est enrichi de monuments d'art provenant de l'ancienne et célèbre abbaye Sainte-Geneviève, entre autres des tombeaux de la patronne de Paris.

Presque tous les tableaux qui la décorent sont signés de noms illustres, et ses vitraux retracent d'une façon brillante l'histoire de la peinture sur verre depuis Jean Cousin jusqu'à Levieil.

L'origine de Saint-Étienne-du-Mont remonte à

l'année 1221. L'abbaye de Sainte-Geneviève ne pouvant plus suffire au service religieux des habitants du quartier du Mont, dont le nombre allait toujours croissant depuis que Philippe-Auguste l'avait comprise dans la nouvelle enceinte de Paris, on obtint de l'évêque l'autorisation d'élever une autre église qui devait rester sous la dépendance de l'église Sainte-Geneviève.

On la commença dans l'enceinte de l'abbaye sur le côté nord de la basilique, et tellement adhérente, que l'on n'y arrivait que par le portail de l'église abbatiale. Une porte percée dans le mur mitoyen, à la hauteur de la cinquième travée à droite, occupée aujourd'hui par la Chapelle de Jésus-Christ au tombeau, était la seule porte d'entrée et de sortie du nouveau bâtiment.

Les choses restèrent en cet état pendant trois siècles, et ce ne fut qu'en 1491 qu'on songea à agrandir Saint-Étienne, mais sur un plan tellement vaste, qu'on en fit une église entièrement neuve. Les travaux furent entrepris d'une façon sérieuse la troisième année du règne de François 1er. Les génovéfains cédèrent les bâtiments de leur infirmerie, sur l'emplacement desquels on commença, aux frais des paroissiens, la construction de l'abside. Elle fut achevée en 1537 sous l'abbé de Sainte-Geneviève, Philippe-le-Bel, dont les armoiries furent sculptées aux clefs de voûte.

Un an plus tard, l'aile de la nef, du côté droit, et les chapelles étaient terminées, et en 1541 l'ouvrage était assez avancé pour que l'évêque de Mégare vînt, au nom de l'évêque de Paris, bénir les autels.

Le Jubé est de 1600.

La chapelle de la Communion et les Charniers datent de 1605 et de 1606. La reine Marguerite de Valois, première femme de Henri IV, donna trois mille livres pour l'érection du portail et en posa la première pierre le 2 août 1610. Les armes de cette princesse sont gravées sur cette pierre et accompagnées de l'inscription suivante : « *Deo favente, sancto Stephano deprecante et auspiciis Margaritæ Valesiæ reginæ, anno Domini 2 Augusti.* »

En 1617, les perrons et les escaliers furent achevés. Enfin deux plaques en marbre noir, encastrées l'une au-dessous de l'autre dans le mur de la première travée de gauche, nous apprennent que le 25 février 1626, sous le pontificat d'Urbain VIII et le règne de Louis XIII, l'église et le maître-autel furent consacrés et dédiés à Dieu et à la Vierge, sous l'invocation de saint Étienne, premier martyr, par Jean-François de Gondi, archevêque de Paris; et que, pendant la cérémonie, deux filles de la paroisse étant tombées du haut des galeries du chœur, avec la portion de balustrade sur laquelle elles s'appuyaient, furent miraculeusement préservées de tout mal, et que leur chute n'occasionna aucun accident, malgré l'affluence du peuple.

Voici le texte de ces deux inscriptions :

La première :

Le Dimanche de la Sexsagésime XV Febvrier 1626, du pontificat de Notre Saint Père le Pape Urbain

VIIIᵉ, et du règne du Roy Louis le Juste XIIIᵉ,
ceste église et Mᵉ autel dicelle, ont été
consacrée et dediez à l'honneur de Dieu et
de la Vierge Marie soubz l'invocation du
premier martyr saint Estienne, par reverendissime
Messire Jean François de Gondy, archevesque de
Paris, ce requerant relligieuse personne
père Martin Citolle, Relx de labbaye Sainte-
Geneviefve et curé de la dicte église, nobles
hommes Mʳ et Mᵉ Michel Ferrand, Consᵉʳ du Roy en
sa court de Parlement Sʳ de Beaufor et
Anthoine Charbonnier, Segrettʳᵉ de Sa Majesté,
François Presdeseigle marᵃⁿᵗ drappier et Claude
Quartier marᵃⁿᵗ et Mᵉ apprᵉ Bourgᵒⁱˢ de Paris margᵉʳˢ.
et l'anniversaire de la dedicace transfférée
par ledᵉᵗ Seigʳ archevesque au premier dimanche
de Juillet, avec concession d'indulgences.

Au-dessous, et plus petite, la seconde:

    Et pendant les Cérimonies de la
    dédicace deux filles de la paroisse
    tomberent du hault des galleries
    du cœur avec l'appuy et deux
    des ballustres, qui furent
    miraculeusement préservées
    comme aussi les assistans,
    ne s'estant rencontré personne
    soubz les ruynes, veu l'affluance du
    peuple qui assistoient ausdᵗᵉˢ cerimonies.

La chapelle du Rond-Point, rebâtie plus tard aux

Paris. — Typ. Morris père et fils.

frais de la fabrique, ne fut consacrée qu'en 1661.

Ainsi, la construction de Saint-Étienne-du-Mont a duré plus d'un siècle. Commencée sous l'influence de l'art gothique, à son déclin, elle a traversé toute la période de la Renaissance et a subi les premières atteintes de l'art froid et dur du XVIIe siècle.

On retrouve dans ce monument les trois caractères bien distinctifs de ces différentes époques, et nous les signalerons dans la description.

L'église est bâtie sur un plan cruciforme, mais l'architecte, gêné par le portail de Sainte-Geneviève, a donné à la nef un axe différent de celui du chœur.

Elle compte vingt-deux travées qui se succèdent sans interruption, même aux extrémités des croisillons, tout autour de l'édifice, et sont occupées, pour la plupart, par des chapelles.

La maîtresse-voûte et les voûtes des collatéraux sont fort élevées; elles sont soutenues par des piliers ronds, rattachés entre eux au moyen d'un arc surbaissé et bordé de chaque côté d'une balustrade en pierre. A la rencontre de chaque colonne, une tourelle en cul-de-lampe offre un passage demi-circulaire qui permet de faire, à cette hauteur, le tour de la nef. Cette galerie s'arrête aux bras du transept pour reprendre autour du chœur. L'église est éclairée par trois rangs de fenêtres. Un premier rang donne le jour aux chapelles des bas-côtés; les fenêtres des collatéraux, hautes et larges, inondent la nef de lumière. Trois baies garnies de superbes verrières, sur les côtés, et six autres du même style, au fond du chœur, s'ouvrent sous les arcs-formerets du grand vaisseau.

Le Jubé de Saint-Étienne est le seul qui subsiste encore à Paris. Il est tout en pierre et sa construction passe pour un chef-d'œuvre de hardiesse. Sa voûte surbaissée traverse hardiment le chœur entre deux tourelles à jour qui contiennent les escaliers. Ces escaliers montent en contournant par encorbellement le fût d'une colonne, au-dessus de la plate-forme, jusqu'à la hauteur de la galerie. Dans les bas-côtés, deux portes complètent le Jubé et divisent l'église en deux parties. L'entablement est surmonté d'un fronton triangulaire interrompu, au milieu duquel sont assis deux anges adorateurs, en pierre, œuvre remarquable de Biard l'aîné, sculpteur français, élève de Michel-Ange (1559-1609).

Le transept forme à peu près la ligne de démarcation entre le style ogival qui domine dans le chœur, et le plein cintre qui prend le dessus dans la nef.

Les trois rangs de fenêtres s'accusent à l'extérieur; la maîtresse-voûte est surmontée d'une toiture aiguë qui en augmente encore la hauteur, et, au pourtour, des contre-forts surmontés de clochetons et munis d'arcs-boutants soutiennent les retombées. Tout autour, des gargouilles déversent l'eau des gouttières. Enfin, le portail, irrégulier et bizarre, remarquable par l'originalité de sa composition et la finesse de ses sculptures, est un mélange de Renaissance de XVIIe siècle et d'art gothique.

Le premier ordre, surmonté d'un fronton triangulaire, est soutenu par quatre colonnes cannelées et bandées.

Le second, surmonté d'un fronton demi-circulaire,

est soutenu par des pilastres entre lesquels s'inscrit
une grande rose à compartiments. Au-dessus, s'élève
un pignon aigu, décoré de pots-à-feu et de pilastres
cannelés, avec une rose plus petite.

Dans les côtés s'ouvrent deux petites portes latérales
et des fenêtres à meneaux, et les entre-colonnements
sont occupés par des niches.

La tour, svelte et légère, percée de longues fenêtres
tantôt ogivales, tantôt cintrées, achève de donner à
cet édifice une physionomie étrange et coquette. Elle
est surmontée d'une lanterne octogonale, à laquelle on
arrive par un escalier contenu dans la tourelle.

Au pied de la tour, sur le côté septentrional
formant avant-corps, est un porche voûté dont le béni-
tier, sculpté d'une tête d'ange, porte le millésime de
1632. Une galerie basse, qui se prolonge au-dessous
des fenêtres des chapelles, s'ouvre à cet endroit et
communique avec le charnier.

Le charnier enveloppe le chevet de l'église; on y
pénètre par l'intérieur ; il a la forme d'un cloître, et
environne une cour très-étroite qui était autrefois le
petit cimetière. Il sert aujourd'hui de salle des caté-
chismes ; il a été agrandi au fond, et, sur un de ses
côtés, une sacristie neuve a été bâtie dans le même
style. Ces différents travaux ont été entrepris, il y a
une dizaine d'années, sous la direction de M. Baltard,
architecte de la ville.

Fermée à la Révolution, l'église fut accordée, par la
loi du XI prairial an III, au culte théophilanthropique,
et placée sous l'invocation de la piété filiale. Elle fut
ouverte de nouveau au culte catholique par décret du

IX floréal an **XI**. Pendant cette période, les sculptures et les ornements du portail avaient été brisés. En 1610, l'administration de la ville fit restaurer la façade sans rien changer au plan primitif, et rétablit dans les tympans et dans les niches des groupes et des statues.

Au rez-de-chaussée, dans les niches, les statues en pierre de :

Sainte Geneviève, par Hébert (Pierre), et *saint Étienne*, par Ramus.

Dans le cintre de la porte, en bas-relief, *la Lapidation de saint Étienne*, par Jules Thomas.

Dans les niches du premier étage, deux statues par **Felon** :

L'ange Gabriel et *la Sainte Vierge*.

Autour de l'écusson qui porte les armes de Marguerite de Valois, *deux Anges*, par Michel Pascal.

Dans les tympans de l'arcade, *deux figures d'Anges*, par Millet aîné.

Le fronton représente *la Résurrection de Jésus-Christ*, bas-relief par Auguste Debay.

Sur les piédestaux du sommet sont deux figures debout : *saint Benoît*, par Vital Debray, et *saint Hilaire*, par Valette. Au-dessous du tympan de la grande porte on a rétabli en lettres d'or, sur marbre noir, cette ancienne inscription, faisant allusion au martyre de saint Étienne :

Lapis templum domini

destruit

lanis astruit.

Au-dessous, sur le linteau, on lit la dédicace :

S. Stephano archimartyri sactum.

Les ventaux des portes d'entrée datent de la construction du portail, et sont ornés de sculptures intéressantes.

Toutes les indications de l'intérieur de l'église sont prises en entrant par la porte basse à droite.

Au-dessus du tambour, dans le cintre de la porte, est un tableau :

Sainte Geneviève gardant ses troupeaux, par L. Fleruy (1851).

Nous allons décrire successivement toutes les chapelles des travées qui font le tour de l'édifice, puis les verrières des collatéraux, la nef, pour finir par les charniers.

CHAPELLE DES FONTS BAPTISMAUX

Elle est ornée de deux tableaux fixés contre les murs de refend, dans la boiserie :

1° *Prédication de saint Jean dans le désert*;
2° *Baptême du Christ*, paysages par Aligny (1853).

A droite est une figure en marbre :

Saint Jean-Baptiste enfant, par Ramus (1842).

Sous le vitrail, est un Christ en croix de grandeur naturelle, beau morceau du xvime siècle, peint sur verre, sans émaux ; et dans la rosace, une *Pietà*, fragment d'un grand style et d'un coloris éclatant.

On retrouve dans les chapelles un certain nombre de ces fragments rapportés sur les verrières. En 1832, pendant les troubles, l'église étant restée abandonnée, les vitraux furent brisés à plaisir ou enlevés. Le vieux sacristain nous a raconté que le premier venu pénétrait partout, choisissait un morceau à sa convenance, le descellait et l'emportait sans qu'on lui dît rien. Lui-même recueillit religieusement une grande quantité de fragments et de morceaux brisés, qu'il rendit plus tard lorsqu'on essaya de faire des réparations. Mais ce travail, confié à des ouvriers maladroits et grossiers, sans direction, ne donna que de pauvres résultats. Les pièces furent remises au hasard sans avoir égard à la composition ni au style, de sorte qu'il est devenu bien difficile, surtout dans le charnier, de reconnaître le sujet et la main de l'artiste.

CHAPELLE DE LA SAINTE FAMILLE

A droite, est une scène épisodique d'épidémie, tableau de Luigi Basset, d'après Ch. Boulanger. Sur l'autel, un panneau curieux et bien conservé représente une *Saint Famille* d'une ordonnance nouvelle, où les parents de Jésus sont isolés et adorent l'enfant.

Au milieu, Jésus enfant est assis: sa tête est entourée d'une auréole et dans la main il tient le monde. Sur le premier et le second plans sont assis à droite saint

Joseph et saint Joachim, à gauche la Vierge et sainte Anne.

Une reine faisant l'aumône à un cul-de-jatte, fragment du XVIe siècle, est fixée sur la verrière, dans le compartiment du milieu de la fenêtre.

CHAPELLE DES ŒUVRES DU PURGATOIRE

A droite est une grande composition de l'école de Lebrun, peut-être une copie du maître, par Verdier, son gendre, qui représente *le Supplice de saint Jean à la Porte latine*. Il faut voir, à l'église Saint-Nicolas-du-Chardonnet, le même sujet traité par Lebrun lui-même.

Sur l'autel, est un joli tableau d'une facture délicate et savante, *la Mort de la Vierge*, et qui appartient à l'école du Poussin.

Dans cette chappelle, sur des lambris en bois noir, sont inscrits en lettres d'or les noms des personnages principaux enterrés autrefois à Saint-Étienne-du-Mont et dans les maisons religieuses réunies depuis à cette paroisse, c'est-à-dire les églises Sainte-Geneviève et Saint-Benoît, l'abbaye de Saint-Victor, le couvent des Jacobins Dominicains, le grand couvent des Carmes et le collége de Navarre. On y lit les noms de rois, de reines, de princes et de ministres, et parmi les plus illustres, ceux de Descartes, d'Eustache Lesueur, Lemaistre de Sacy, Racine, Tournefort, Audran et Edelink.

CHAPELLE DE LA PASSION

Sur le mur à droite, un tableau : *saint Paul paraît devant le Proconsul Sextus et lui rend raison de sa foi*, par Delaval (1826).

Au-dessus de l'autel, une ancienne peinture de l'école de Coypel : *sainte Madeleine à genoux au pied de la croix*.

Encastré dans le mur à droite, est un bas-relief Renaissance, surmoulage d'un bas-relief de G. Pilon, d'un travail plein d'élégance et de finesse. Il est couvert d'une couche de couleur vert bronzé qui masque les détails : il représente *la mise au Tombeau*.

La verrière de cette chapelle est une des plus importantes que renferme l'église. Elle date de 1568, et a été restaurée en 1845. Elle porte le monogramme du peintre et celui du restaurateur, M. Lafaye, avec l'écusson des donateurs.

Il retrace la légende du *Père de famille* au milieu, dans un palais d'une architecture grandiose ; le Père Éternel, en costume de souverain pontife, est debout devant une table sur laquelle un calice est posé. A gauche, à genoux, est un de ses envoyés qui vient lui rendre compte de sa mission. A droite, un pauvre est à genoux devant la table : à la porte se tient une foule de gens misérablement vêtus qu'un serviteur va introduire. Dans le compartiment de gauche, on voit les invités qui refusent sous différents prétextes. Un montre une campagne qu'il vient d'acquérir, l'autre tient à son bras une jeune femme qu'il vient d'épouser, et le troisième essaye une paire de bœufs nouvellement achetés, tous s'excusent. Cette seconde partie de la composition a un peu souffert et les raccords ont été faits d'une façon maladroite.

Dans la rose est un Christ, et dans les contre-lobes deux anges portent le pilier de la flagellation.

Tous les personnages sont en costume du xvime siècle.

CHAPELLE DU TOMBEAU

Sur le mur de droite est un beau tableau signé de Souvenet, dont la toile est très-fatiguée. A terre, les malades meurent pleins de terreur et d'effroi : au-dessus, Jésus-Christ apparaît sur des nuages supportés par des anges au visage terrible. Entre la terre et le ciel, se tient debout, comme intermédiaire et priant, une noble figure de prêtre au front éclairé de rayons divins.

En face, une Nativité signée : Jeson de Santerre.

Au fond est un *Saint-Sépulcre* composé de huit figures en terre cuite de grandeur naturelle. C'est une œuvre du xvime siècle, attribuée à Germain Pilon. Ce groupe est resté longtemps dans le couloir souterrain qui existait entre l'église et l'abbaye de Sainte-Geneviève.

Le Christ est étendu sur une sorte de tombeau. Aux pieds et à la tête se tiennent d'un côté Nicodème, de l'autre Joseph d'Arimathie qui le soutiennent par le linceul. Derrière sont debout les trois Maries et la Vierge douloureuse qui s'appuie sur saint Jean.

Le vitrail qui orne la fenêtre est un fragment d'une composition célèbre, *le Jugement dernier*, attribuée à J. Cousin et donnée par Renault, bourgeois de Paris, qui voulut être inhumé devant. Il ne reste aujourd'hui que la partie supérieure.

Dans la rose et les contre-lobes, le Père Éternel, et des anges qui portent des instruments de musique ; en dessous, Jésus-Christ, tout lumineux, entouré de ses apôtres et de ses prophètes. La fenêtre est terminée par une verrière moderne d'ornement, de Vigné, 1846.

CHAPELLE DU CŒUR SANGLANT

A droite, un panneau assez bien conservé, représentant *le Jugement dernier*, est attribué à Jean Cousin.

Le ciel s'ouvre : Dieu apparaît dans sa gloire, et les anges sonnent la trompette sacrée. Au-dessous, un archange sépare les méchants et les bons. Les élus sortent à gauche par une voie lumineuse qui monte vers le ciel ; les damnés sont poussés vers le gouffre brûlant de l'enfer qui s'ouvre à droite. Sur le premier plan d'autres attendent leur jugement. A gauche, dans le bas, est un donateur à genoux, vêtu d'une aube : à côté, un écusson avec cette légende : *trahit homines timor*.

Sur le mur en face, un tableau de l'école de Lebrun représente *l'Adoration du Cœur sanglant* par les anges.

CHAPELLE SAINT-CHARLES

A droite, est un mauvais tableau, un *saint Louis en prières*.

Au-dessus de l'autel est un panneau intéressant d'un maître réaliste du xviie siècle, et dont les œuvres sont rares : *saint Charles Borromée faisant l'aumône*, par Quantin Varin (1627).

Toute une petite anecdote se rattache à cette peinture : elle est expliquée dans l'inscription latine écrite au bas de la composition, dans un cartouche :

> Quintinus Varinus regius Pictor
> S^o Carolo Barromeo, sospitatori
> seco vovit; Joannes Maressailus
> ritè, quod ille voverat, exsolvit.

Dans la verrière, l'*Éducation de la Vierge, faite par sainte Anne et saint Joseph*, fragment de grand mérite, et dans le cintre de la baie, la rose et les contre-lobes, sont les restes presque effacés d'un travail sur verre, en grisaille, excessivement curieux.

CHAPELLE SAINT-BERNARD

Cette chapelle ne contient que deux peintures : à droite, un *Miracle de la Manne*, qui peut être une œuvre originale de P. de Champagne, et au-dessus de l'autel un *saint Bernard en prière*.

La travée suivante est fermée et sert de sacristie à l'œuvre des Dames de Sainte-Geneviève. Elle ne renferme aucun objet intéressant. Sur le mur de clôture est un tableau fort estimé, une des compositions les plus remarquables dues au pinceau de l'artiste, *la Lapidation de saint Étienne*, par Abel de Pujol (1818).

Cette peinture contribua beaucoup à la réputation de l'auteur et servit de modèle à une tapisserie des Gobelins, offerte par Charles X au Saint-Père, en 1828.

A l'étage supérieur, les deux premières fenêtres du collatéral de l'abside sont murées et occupées par deux grandes toiles, l'une de Nicolas de Largilière, 1696, l'autre de Jean-François de Troy, 1726, toutes deux signées.

Ces tableaux viennent de l'église Sainte-Geneviève. A la Révolution, lors du pillage des églises, les œuvres d'art furent dispersées ou détruites. Ces tableaux votifs étaient au nombre de trois. L'un fut retrouvé, par hasard, servant d'abri contre le vent à une marchande aux halles ; le second avait été racheté par les soins du curé ; quant au troisième, il est sans doute à jamais perdu : il était de Detroy père, et représentait comme les autres un vœu de la ville de Sainte-Geneviève, à l'occasion du froid et de la famine de 1709.

L'œuvre de Largillière retrace le vœu fait à la Patronne de Paris pour obtenir la cessation des deux années de famine de 1694 et 1695.

La sainte est représentée dans sa gloire ; au bas sont le prévôt des marchands, les échevins, les officiers du corps de ville et un grand nombre de spectateurs en costume d'apparat. Largillière s'y est peint parmi les assistants et a placé à côté de lui le poëte Santeuil. Il faut, à ce propos, lire dans d'Argenville et Piganiol la malice faite au chanoine et Saint-Victor par l'artiste, et ce qui s'ensuivit.

L'œuvre de Detroy, au-dessus de la chapelle Saint-Bernard, représente *le Vœu de la Ville* à l'occasion de la disette de 1724. C'est un des chefs-d'œuvre du peintre. Le sujet est traité d'une manière analogue, mais avec moins de grandeur; sainte Geneviève y apparaît en pleine lumière sur un nuage et vêtue d'une tunique blanche.

Les deux travées qui suivent sont occupées par le tombeau de sainte Geneviève; le mur de refend a été complétement ouvert, et elles ne forment plus qu'une chapelle. En 1801, à l'époque de la destruction de l'église abbatiale de Sainte-Geneviève, on retrouva dans la crypte le cercueil de pierre de la patronne de Paris; il était sur une estrade flanquée de quatre pilastres et de moulures, et se composait d'un piédestal quadrangulaire avec base et corniche portant la pierre creusée dans laquelle la sainte avait été ensevelie le 3 janvier 511. Ce tombeau était resté vide depuis le XII° siècle, époque à laquelle les reliques en furent tirées pour être mises dans le reliquaire forgé par saint Éloi. En 1789 le reliquaire fut porté à la Monnaie pour être fondu, et les reliques furent brûlées sur la place et jetées au vent. Mais le tombeau avait échappé à la destruction et faisait l'objet de la vénération des fidèles, qui en détachaient des fragments pour les emporter. En 1802, l'abbé de Voisins, curé de Saint-Étienne, désireux de transporter dans son église le monument, et avec lui le culte de sainte Geneviève, et de garantir la précieuse pierre du zèle malencontreux des visiteurs, obtint de faire porter le tombeau dans cette chapelle.

Le résumé de ces faits est gravé sur une table de marbre noir fixée contre un des piliers de la chapelle.

La pierre du tombeau
de sainte Geneviève of
ferte ici à la vénération
est celle qui a reçu le
corps de la sainte le III
Janvier DXI époque de sa
mort.

Elle a gardé ces restes
précieux pendant CXX ans
après qu'ils eurent été
déposés dans la chasse que
leur avait préposé S. Éloi
et placés dans l'église
supérieure de l'abbaye.

La pierre du tombeau re
ligieusement conservée
dans l'église souterraine
demeura l'objet de la piété
des fideles jusqu'a la re
volution de MDCCXCIII.

Le III Decembre MDCCCIII elle
a été transférée de l'é
glise ruinée de Ste Gene
vieve en celle de S. Etienne
du Mont par les soins de
Mr F. A. de Voisins curé de
la paroisse avec l'auto
risation de S. E. Monsei
gneur le cardinal de Belloy
archevêque de Paris.

Trois actes authentiques
constatent l'identité du tom
beau fait dans l'église
souterraine de l'ancienne ab
baye avant la translation dres
sé et signé par Mr de Mallaret
vicaire général de S. E. Monsei
gneur le cardinal de Belloy.

La grille en cuivre qui recouvre la pierre a été faite d'après les dessins du père Martin. Tout autour, contre les murs, règne une élégante boiserie Renaissance qui se compose de cadres de dimension faits pour recevoir les ex-voto en marbre blanc des fidèles.

Autrefois, avant la mesure qui donne la dimension des plaques de marbre et interdit la suspension dans la chapelle de tout objet d'autre nature, elle était encombrée de béquilles, de vêtements, de linges, en un mot des vœux les plus surprenants des nombreux fidèles que la sainte avait exaucés. Un soldat revenu de Crimée y avait déposé sa croix.

En 1867, quatre verrières retraçant des épisodes de la vie de sainte Geneviève, par un artiste de grand talent, furent placées dans les baies d'une des deux fenêtres qui éclairent la chapelle. Ces verrières sont tout à fait dignes de figurer à côté des œuvres des maîtres en ce genre que possède l'église, Henriet, Pinaigrier, Cousin. Les quatre sujets traités par M. Riquier accusent un artiste original, qui a cherché son œuvre dans son inspiration, et qui a réussi à créer encore dans cet art si ancien et si exploité :

1° Sainte Geneviève, enfant, présentée par ses parents aux saints évêques saint Germain et saint Leu.

2° Sainte Geneviève rend la vue à sa mère; au deuxième plan on voit la sainte souffletée par sa mère pour avoir été à l'église malgré sa défense. Dieu, pour punir la mère, la frappe de cécité.

3° Sainte Geneviève fait vœu de chasteté en présence de l'évêque d'Auxerre.

4° Rêve de sainte Geneviève : sainte Geneviève passe pour une sorcière, est maltraitée par le peuple et laissée sur place toute brisée de coups. Elle eut alors une vision : elle vit l'enfer, et au milieu des flammes ardentes tous ses ennemis; et plus haut, dans le ciel, Dieu lui apparut dans sa gloire et lui montra une place pour elle à côté de ses anges.

Vis-à-vis le tombeau, et au-dessus de ces ex-voto,

dans une niche ogivale dont les colonnettes sont accostées des statues de saint Augustin et de saint Dominique, est une inscription qui rappelle le crime commis par Verger, le 3 janvier 1857, sur la personne de l'archevêque de Paris, M. Sibour. Cette inscription est peinte en lettres d'or sur fond d'azur, en caractères du xiiie siècle. Au commencement sont les armes de l'archevêque.

A X Ω

Heic cor situm est

Mariæ Dominici Augusti Sibour

Archiepiscopi parisiensis

Qui dum ad sepulcrum

Genovefæ sanctæ

Parisiorum et regni patronæ

Die natali ejus

Adstante plurima XPI fidelium corona

Solemni ritu supplicabat

Infami sceleris victima

Cecidit

III nonas januarias an MDCCCLVII

Ingenti orbis urbis que catholici

Mœrore et luctu.

Dans les arcatures qui ornent le fond de cette chapelle sont fixées sur le mur deux inscriptions, et dans la sacristie des Dames de Sainte-Geneviève sont deux autres inscriptions, relatives toutes quatre à l'authenticité du tombeau de la patronne de Paris.

Celles de la chapelle :

Une déclaration de l'identité
du tombeau faite et signée par
Mr Rousselet, dernier abbé de S^{te}
Geneviève et par six anciens
chanoines réguliers de la même
abbaye le XVIII novembre MDCCCIII.

Une ordonnance de S. E. monsei
gneur le cardinal de Belloy
I. visant les deux piéces ci-dessus
II. autorisant la translation du
tombeau en l'Eglise de S. Etienne
III. autorisant en cette église
la célébration des fêtes et du
culte de Ste Geneviève suivant
les rites et cérémonies en usage
dans l'ancienne abbaye en date
et à Paris du XX Déc^{bre} MDCCCIII.

**Celles de la sacristie des Dames Sainte-Geneviève. A
gauche :**

L'an de J. C. 1803 le 31 Décembre
par les soins de Mr F. A. de Voisins
curé de St Etienne du Mont fut transférée
de l'église souterraine de l'abbaye dans

cette chapelle la pierre qui avait servi
de tombeau à Ste Geneviève. Trois actes
authentiques et dont les originaux sont
déposés aux archives de l'archevêché de Paris
constatent l'identité de ce tombeau et
motivent la piété des fidèles, ce sont :
1° Un procès verbal d'examen du tombeau
de Ste Geneviève fait le 8 novembre
1803 par Mr de Malaret, vicaire général
2° Un certificat du 18 novembre 1803
signé par Mr Rousselet dernier abbé
de Ste Geneviève et par six anciens
chanoines réguliers
3° D'une ordonnance de son éminence
Mgr le cardinal de Belloy, archevêque de Paris
donnée le 20 décembre 1803
laquelle autorise en outre en cette église
les différentes fêtes, les rits et cérémonies
pieuses conservées à l'ancienne
abbaye de Ste Geneviève.

A droite :

Cette tombe que le temps a usée
est la même
où le corps de Ste Geneviève fut déposé
le 3 Janvier 511
et
où il est resté cent vingt ans
depuis qu'une chasse ouvrage de S. Eloi

eut reçu les ossements et les cendres

de la patronne de Paris

cette pierre qui les avait renfermés

fut toujours

l'objet de la vénération des fidèles

dépouillée des ornements

dont l'avait revêtue

la piété du Cardinal de la Rochefoucau

mais heureusement conservée

dans l'église souterraine de l'abbaye

elle reparaît ici après nos tempêtes

seul monument

d'une sainte qui sur la terre

sauva deux fois

les habitants de cette capitale

et qui dans le ciel

n'a cessé de leur être propice.

La travée située entre la chapelle du tombeau de sainte Geneviève et celle de la communion est plus large et plus basse ; elle renferme une porte de sortie sur la rue Clovis et la porte d'entrée sur le couloir qui mène à la sacristie et aux charniers.

De chaque côté sont des statues en plâtre sur piédestal :

L'Espérance, par Brun (1826) ; *la Charité*, par Laitie (1822).

Sur les parois latérales, deux peintures marouflées de M. Janmot (1866) retracent des épisodes de la vie de saint Étienne ; à gauche, *la Lapidation du Saint* sous les murs de la ville.

2° *Saint Étienne, amené devant les juges* qui lui avaient ordonné de cesser ses prédications, les brave et leur parle avec chaleur des vérités de la religion.

Ces deux peintures sont d'une belle composition et d'un coloris brillant.

Contre le mur de gauche sont fixées deux plaques en marbre à la mémoire de Racine et de Pascal. En 1710, lorsque l'abbaye de Port-Royal eut été détruite, on transporta le cercueil de Racine à Saint-Étienne-du-Mont, et il fut déposé dans un caveau de la chapelle de la Vierge. Son épitaphe avait été oubliée dans l'église du village de Magny-les-Hameaux, où elle faisait partie du dallage. Retrouvée en 1808, elle fut apportée à Saint-Étienne dix ans après. C'est Boileau qui l'a composée en latin pour rendre un dernier hommage à son ami.

D. O. M.

Jacet   Joannes   Racine
hic   nobilis vir   Franciæ
thesaurus præfectus, regi a secretis atque
a cubiculo, nec non unus e quadraginta
gallicanæ academiæ voces : que postquam profana
tragediarum argumenta dies cum ingenti
homnium admiratione tractasset, musas tandem
suas uni deo consecravit; omnem que ingenu vim
in eo laudando contulit, qui solus laude
dignus. Cum eum vitæ negotiorum que rationes
multis nominibus aubæ tenerent addictum, tamen
in frequenti homnium consortio omnia putatis

ac religeonis officia coluit. A christianissimo regi
Ludovico magno selectus una cum familiari.
ipsius amico fuerat, qui res, eo regnante, præclare
ac mirabiliter gestas perscriberet huic intentus
operi, repente in gravem æque et diutiernum
morbum implicitus est, tandem que ab hac sede
nuseriarum in melius domicilium translatus,
anno ætatis suæ LIX que mortem longiore adhuc
intervallo remotam valde horruerat, ejusdem
præsentis aspectum placido fronte sustinuit;
obiit que spe multo magis et pia in Deum fiducia
erectus, quam fractus metu. Ea jactura omnes
illius amicos, equibus nonnulli inter regni
primores eminebant, acerbissima dolore perculit.
Manavit etiam ad ipsum regem tanti viri
Desiderium. Fecit modestia ejus singularis, et
præcipua in hanc portus regis domum benevelentia,
at in isto cœmeterio pie magis quam magnifice
sepeleri vellet, ideo que testamento cavit, ut
corpus suum, juxta piorum homnium que hic
jacent, corpora, humaretur.
Tu vero, quicumque es, quem in hanc domum pietas
adducit, tuæ ipse mortalitatis ad hunc aspectum
racordare ; et clarissimam tanti veri memoriam
precibus quam elogus prosequere.

Au-dessous, en lettres d'or, est cette note explica-
tive rédigée par Silvestre de Sacy.

...

Epitaphium quod Nicolaus Boileau, ad
amici memoriam recolendem, monumento ejus

in portus regii acclesia inscripserat, ex
iilorum ædium ruderibus, anno MDCCCVIII
effossum G. J. G. comes Chabrol de Volvic
præfectus urbi, hæc urbi summi veri reliquiæ
denuo depositæ sunt, instauratum transferri
et locari curavit A. R. S. MDCCCXVIII.

Les restes de Pascal reposent à côté de ceux de
Racine, dans le même caveau. L'épitaphe que nous
voyons aujourd'hui a été gravée au milieu du xviii^e
siècle. C'est la copie de celle qui était écrite sur son
tombeau et qui avait été effacée.

GRANDE TRAVÉE DE L'ABSIDE

CHAPELLE DE LA COMMUNION

Elle est ornée de six compositions sur toiles marouflées, par Caminade.

L'annonciation (1825), *l'Adoration des Mages*
(1825), *la Mort de la Vierge* (1839), *la Visitation*
(1825).

Dans une niche pratiquée au-dessus de l'autel est
une figure en marbre :

La Vierge tenant l'enfant Jésus, par Foyatier (1863).

La chapelle, dont la forme est circulaire, est éclairée par six fenêtres.

ST ÉTIENNE DU MONT

[...] par Ware[...]
[...] de la [...]
[...] de cette chapelle [...] le maître autel,
[...] plaque de marbre, est celle-ci inscription :

27 mars 1806
la piété des fidèles
a relevé du milieu des ruines.
Cet autel
consacré par M⁕ André
ancien évêque de Quimper
avec M⁕ F. A. de Voisins.

On lit sur une pierre, à demi effacé :

Ici repose le cœur de
François Amable de Voisins
évêque nmé de S. Flour
ci-devant curé de cette église
qu'il édifia par ses vertus et qu'il embellit par ses soins
qu'il aima..... et dont il fut aimé
jusqu'à son dernier soupir
né à Brugnolles, dépt de l'Aude, le 23 septembre 1760
mort à Paris le 14 Février 1809.
Priez Dieu pour le repos de son âme.

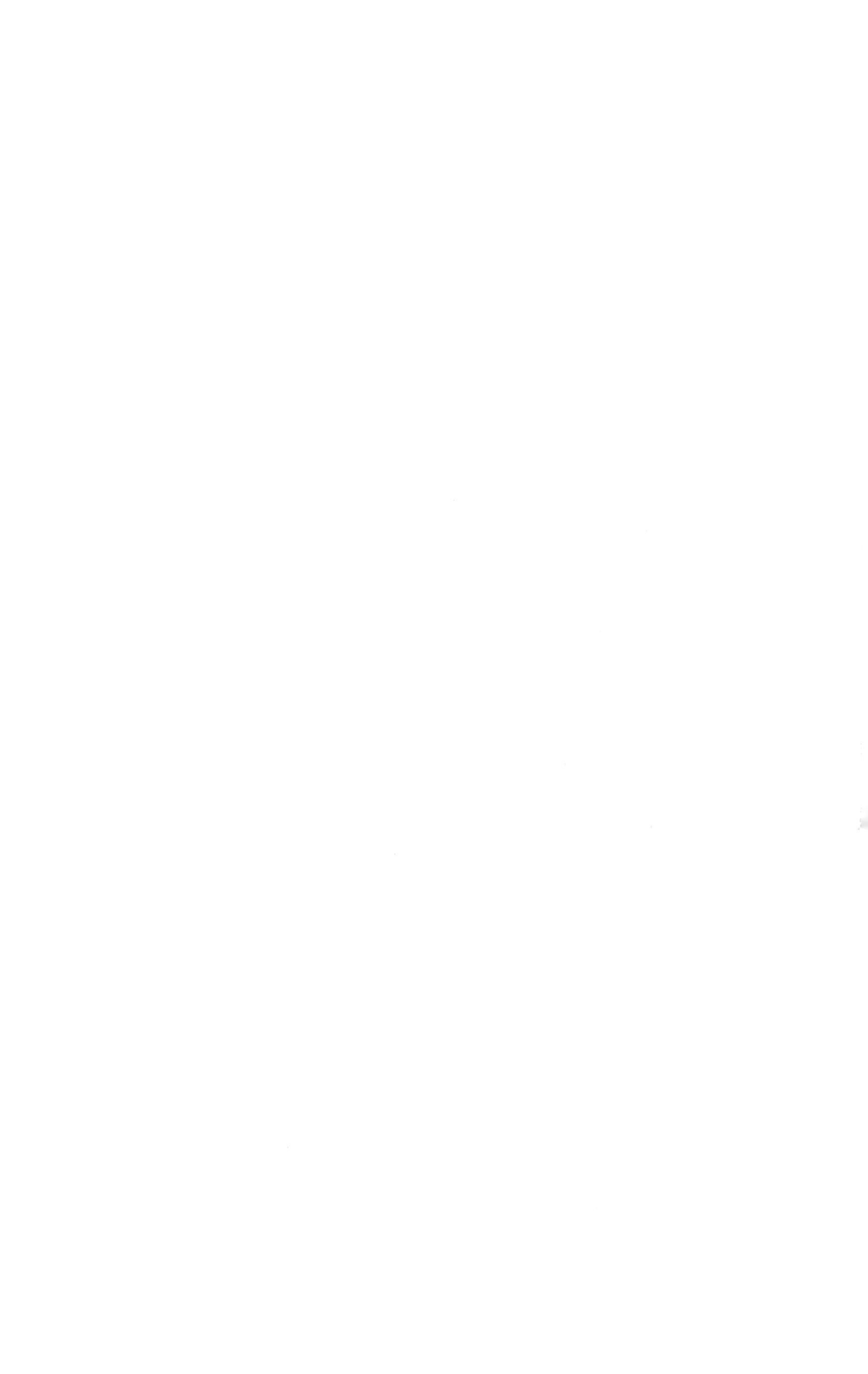